No tengo el chichi para farolillos

No tengo el chichi para farolillos

Héloïse Guerrier y David Sánchez

Traducción de
Rosalind Harvey y Hélène Dauniol-Remaud

ASTIBERRI

No tengo el chichi para farolillos

Colección Astiberri Pop

Diseño y maquetación: Alba Diethelm
Corrección: Soraya Pollo
Edición: Héloïse Guerrier

ISBN: 978-84-19670-60-1
Depósito legal: BI-1410-23

Impresión: Grafo
1.ª edición: mayo 2024

Astiberri Ediciones
Apdo. 485
48080 Bilbao
info@astiberri.com
www.astiberri.com

PEFC Certificado
Este producto procede de bosques gestionados de forma sostenible y fuentes controladas
www.pefc.org

Naturaleza

Animales

Sexo

Comida

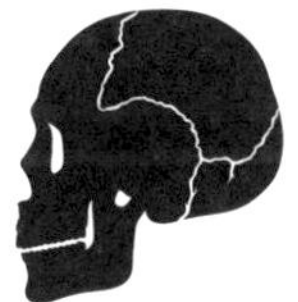

Anatomía

Escatología

Objetos

Cajón de sastre

No tener el chichi para farolillos

EN: My pussy's not up for lanterns
FR: N'avoir pas le minou pour les lampions

No estar de humor para llevar a cabo algo. *Finalmente, no voy a salir esta noche, he tenido un día horrible y* ***no tengo el chichi para farolillos.*** Hecho de plástico o de papel de colores, el farolillo adorna verbenas. Esta locución deriva de "no tener el coño para ruidos", que expresa de manera muy gráfica y elocuente que una no tiene ganas de fiesta. Se popularizó tras escucharse por primera vez en la serie televisiva española *7 vidas,* que se emitió entre los años 1999 y 2006.

To not be in the mood for something. *Finalmente, no voy a salir esta noche, he tenido un día horrible y* ***no tengo el chichi para farolillos*** (I'm not going out tonight in the end – I've had an awful day and I **can't be fucked**). Made from plastic or brightly coloured paper, *farolillos* (little lanterns) are used to decorate open-air fiestas. This saying is a variation on *no tener el coño para ruidos* (my cunt's not up for noises), which expresses in a rather graphic, eloquent way that one is not in the mood for a party. It was popularised after first being heard on the Spanish TV series *7 vidas,* which was broadcast between 1999 and 2006.

N'être pas d'humeur pour mener à bien quelque chose. *Finalmente, no voy a salir esta noche, he tenido un día horrible y* ***no tengo el chichi para farolillos*** (« Finalement, je ne vais pas sortir ce soir, j'ai passé une journée horrible et **je n'ai pas le cœur à la fête** »). En plastique ou en papier coloré, le lampion décore les bals populaires. Cette expression dérive de *no tener el coño para ruidos* (« ne pas avoir la chatte pour les bruits »), qui exprime de manière très imagée et éloquente qu'une personne n'a pas envie de faire la fête. L'expression est devenue populaire après qu'on l'a entendue pour la première fois dans la série télé espagnole *7 vidas,* diffusée de 1999 à 2006.

Hacer de tripas corazón

EN: To make a heart out of guts
FR: Changer ses tripes en cœur

Intentar dejar atrás el miedo o la tristeza, sobreponerse a las dificultades. *Estaba muy disgustado por la discusión con su hermana, pero* ***hizo de tripas corazón*** *y vino a la comida familiar.* El corazón se suele asociar a la valentía, mientras que las tripas se vinculan más al miedo y a sus efectos fisiológicos indeseables (así, se dice: "cagarse de miedo"). Ante la falta de coraje, las tripas han de armarse de valor ("corazón") y no dejarse vencer por la adversidad.

To try to put fear or sadness behind you, to overcome difficulties. *Estaba muy disgustado por la discusión con su hermana, pero* ***hizo de tripas corazón*** *y vino a la comida familiar* (He was really upset by the argument with his sister, but he **put on a brave face** and came to the family dinner). The heart tends to be associated with courage, while guts are more frequently linked to fear and its undesirable physiological effects (hence the saying *cagarse de miedo* – to be scared shitless). When bravery is in short supply, the guts have to pluck up courage ("heart") and not allow adversity to get the better of them.

S'efforcer de dépasser sa peur ou sa tristesse, de surmonter ses difficultés. *Estaba muy disgustado por la discusión con su hermana, pero* ***hizo de tripas corazón*** *y vino a la comida familiar* (« Il était vraiment dégoûté par sa discussion avec sa sœur, mais **il a pris sur lui** et il est venu au repas familial »). Habituellement, le cœur est associé à la bravoure, alors que les tripes se rapportent plutôt à la peur et à ses effets physiologiques indésirables. On dit, d'ailleurs : *cagarse de miedo* (« se chier dessus de peur »). En l'absence de courage, les tripes doivent s'armer de vaillance (de « cœur ») et ne pas se laisser vaincre par l'adversité.

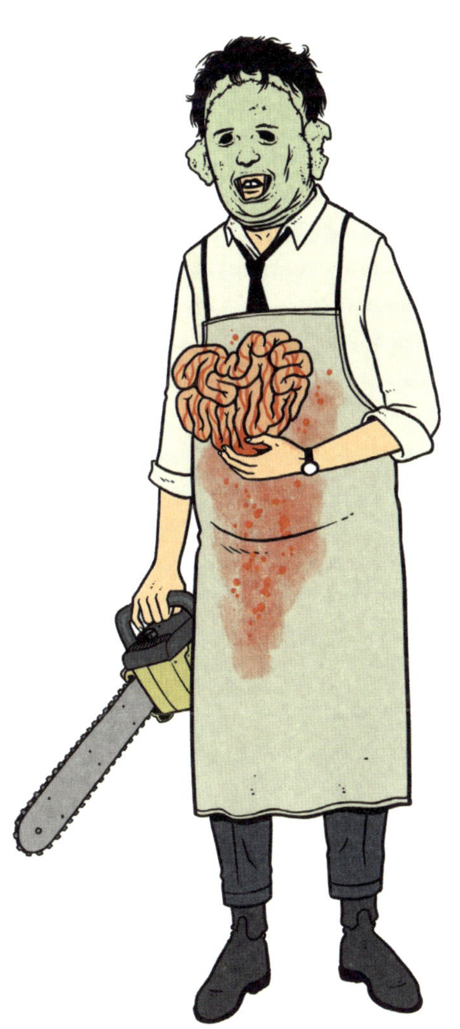

Mojarse el culo

EN: To get one's arse wet
FR: Se mouiller le cul

Tomar partido en un asunto, comprometerse, involucrarse. *Si quieres que cuenten contigo en este nuevo proyecto, tienes que implicarte y* ***mojarte el culo.*** Esta expresión malsonante proviene de un refrán popular que reza "el que quiera peces que se moje el culo" y cuya moraleja indica que, para obtener resultados, hay que esforzarse e incluso arriesgarse.

To take a position on a matter, commit oneself, take part. *Si quieres que cuenten contigo en este nuevo proyecto, tienes que implicarte y* ***mojarte el culo*** (If you want them to pick you for that new project, you've got to get involved and **chance your arm**). This coarse expression comes from a popular proverb that goes, *el que quiera peces que se moje el culo* (he who wants fish has to get his arse wet), the moral of which is that, in order to get results, we must make an effort or even take risks.

Prendre position dans une affaire, s'engager, s'impliquer. *Si quieres que cuenten contigo en este nuevo proyecto, tienes que implicarte y* ***mojarte el culo*** (« Si tu veux qu'on tienne compte de toi dans ce nouveau projet, il faut que tu t'impliques et **que tu te mouilles** »). Cette expression grossière provient d'un refrain populaire qui dit que *el que quiera peces que se moje el culo* (« qui veut du poisson doit se mouiller le cul ») et dont la morale indique que, pour obtenir des résultats, il faut faire des efforts et même prendre des risques.

Más chulo que un ocho

EN: More cocky than an eight
FR: Plus fringant qu'un huit

Presumido/-a, fanfarrón/-a. *Se vistió con mucho estilo para la fiesta, iba* ***más chulo que un ocho.*** A principios del siglo XX, el tranvía madrileño que conectaba la Puerta del Sol con La Bombilla llevaba el número 8, y por él pasaban muchos chulapos y chulapas o "chulos", que se iban a celebrar la verbena de san Antonio de la Florida. Estos genuinos representantes del Madrid más castizo y popular solían destacar por sus trajes y su fanfarronería.

Big-headed, a show-off. *Se vistió con mucho estilo para la fiesta, iba* ***más chulo que un ocho*** (He wore a really stylish outfit to the party – he looked **too cool for school**). In the early 20th century, the tram linking the Puerta del Sol to La Bombilla was the number 8, and it carried lots of working-class people from the capital – known as *chulapos,* or *chulos* – on their way to celebrate the San Antonio de la Florida open-air dance. These *bona fide* representatives of the most authentic, working-class parts of Madrid would stand out due to their clothes and swaggering attitude.

Présomptueux·se, fanfaron·ne. *Se vistió con mucho estilo para la fiesta, iba* ***más chulo que un ocho*** (« Il avait mis des vêtements très stylés pour la fête, il était **sur son trente et un** »). Au début du XXe siècle, le tramway madrilène qui reliait la Puerta del Sol et La Bombilla portait le numéro 8, et il transportait de nombreux *chulapos,* également appelés *chulos,* bravaches des classes populaires madrilènes qui s'en allaient célébrer la fête de san Antonio de la Florida. Ces authentiques représentants du Madrid le plus traditionnel et populaire avaient coutume de se faire remarquer par leurs tenues et leurs fanfaronnades.

Mear fuera del tiesto

EN: To piss outside the pot
FR: Pisser hors du pot

Decir algún despropósito o actuar de manera improcedente. *Con su proposición de ley, **han vuelto a mear fuera del tiesto.*** Un tiesto es una vasija o maceta de barro para cultivar plantas, pero antaño también podía aludir a un orinal. Cuando alguien "mea fuera del tiesto" significa, pues, que orina donde no debe, es decir –en sentido figurado–, que habla sin venir al caso o que actúa de modo inapropiado.

To say something inappropriate or act in an improper way. *Con su proposición de ley, **han vuelto a mear fuera del tiesto*** (The government has really **overstepped the mark** with this proposal). A *tiesto* (pot) refers to a kind of receptacle or plant-pot, but in the past, it could also allude to a chamber pot. When someone pisses outside the pot, it means they urinate where they shouldn't; that is – in a figurative sense – they say something irrelevant or act inappropriately.

Dire des bêtises ou se conduire de manière inappropriée. *Con su proposición de ley, **han vuelto a mear fuera del tiesto*** (« Avec leur proposition de loi, **ils sont,** une fois de plus, **à côté de la plaque**). Le pot désigne un récipient ou un pot de terre cuite pour cultiver les plantes, mais autrefois il pouvait aussi désigner un pot de chambre. Quand quelqu'un pisse « hors du pot » cela signifie donc qu'il urine là où il ne doit pas, c'est-à-dire – au sens figuré – qu'il parle hors de propos ou qu'il se conduit d'une manière inappropriée.

Llevarse el gato al agua

EN: To lead the cat to water
FR: Mettre le chat à l'eau

Triunfar en una disputa o en una discusión. *Estaban dudando entre dos candidatas para el puesto, pero Irene* ***se llevó el gato al agua.*** Este gato nada tiene que ver con el animal, sino con un juego que se practicaba ya en la antigua Grecia y que consistía en dos equipos que tiraban cada uno del extremo de una cuerda, con un riachuelo de por medio. Quien conseguía poner "a gatas" al otro equipo y arrastrarlo hasta el agua ganaba.

To triumph in a dispute or an argument. *Estaban dudando entre dos candidatas para el puesto, pero Irene* ***se llevó el gato al agua*** (They were hesitating between two candidates for the post, but Irene **won the day**). This *gato* or cat has nothing to do with the animal, but rather with a game played in Ancient Greece consisting of two teams, each pulling on one end of a rope, with a stream in between them. Whoever managed to make the other team get down *a gatas* (on all fours) like a cat and pull them into the water was the winner.

Triompher dans une dispute ou une discussion. *Estaban dudando entre dos candidatas para el puesto, pero Irene* ***se llevó el gato al agua*** (« Ils hésitaient entre les deux candidates, mais Irène **a remporté le morceau** »). Ce chat-là n'a rien à voir avec l'animal, mais plutôt avec un jeu qui se pratiquait déjà dans la Grèce Antique et qui consistait en deux équipes tirant chacune l'une des extrémités d'une corde sur chaque rive d'un ruisseau. L'équipe qui parvenait à mettre *a gatas* (« à quatre pattes », c'est-à-dire dans la position d'un chat) l'autre équipe et à la traîner jusqu'à l'eau gagnait.

Tener más cara que espalda

EN: To have more face than back
FR: Avoir plus de gueule que de dos

No tener vergüenza. *Apenas participa en los grupos de trabajo, pero siempre quiere obtener reconocimiento.* ***Tiene más cara que espalda.*** Esta locución supone una hipérbole de la más común "tener mucha cara", donde se identifican rostro y descaro. La imagen de la desproporción física entre cara y espalda viene a subrayar la idea de desfachatez y poca decencia.

To have no shame. *Apenas participa en los grupos de trabajo, pero siempre quiere obtener reconocimiento.* ***Tiene más cara que espalda*** (He barely does anything for our project team but he always wants recognition. He's **got a real cheek**). This saying is a hyperbolic version of the more common *tener mucha cara* (to have a lot of face), where the face is related to impertinence. The image of the disproportionate difference in size between the face and the back underscores the idea of brazenness and lack of decency.

N'avoir pas honte. *Apenas participa en los grupos de trabajo, pero siempre quiere obtener reconocimiento.* ***Tiene más cara que espalda*** (« C'est à peine s'il participe aux groupes de travail, mais il veut toujours obtenir de la reconnaissance. **Il ne manque pas d'air** »). Cette expression est une hyperbole de la plus répandue *tener mucha cara* (« être tout en gueule »), où la gueule est assimilée au culot. L'image de la disproportion physique entre le visage et le dos vient souligner l'idée d'impudence et de peu de décence.

Para ti la perra gorda

EN: You can have the big dog
FR: À toi la grosse chienne

Manera de zanjar una discusión dando la razón a la otra parte sin creer que realmente la tiene. *Anda, déjame en paz,* ***¡para ti la perra gorda!*** Entre 1870 y 1940 circularon en España monedas de cobre con la imagen de un león en una de sus caras. El león fue rebautizado popularmente "perra", y se solía llamar "perra chica" a la moneda de cinco céntimos de pesetas, mientras que a la de diez céntimos, de más valor y mayor tamaño, se la denominó "perra gorda".

A way of shutting down an argument by agreeing with someone without really believing that they are right. *Anda, déjame en paz,* ***¡para ti la perra gorda!*** (OK, OK, just drop it - let's **agree to disagree**). Between 1870 and 1940, copper coins with the image of a lion on one side were in circulation in Spain. The lion became known colloquially as a *perra* (female dog), and people used to call the 5-cent coin the "little dog," while the 10-cent coin, worth more and larger in size, was referred to as the "big dog."

Manière de mettre fin à une dispute en donnant raison à l'autre sans croire qu'il l'ait vraiment. *Anda, déjame en paz,* ***¡para ti la perra gorda!*** (« Allez, laisse-moi tranquille, **c'est toi qui l'emportes !** »). Entre 1870 et 1940 circulèrent en Espagne des pièces en cuivre montrant l'image d'un lion sur leur face. Le lion fut rebaptisé populairement *perra* (« chienne »), et l'on appelait *perra chica* (« la petite chienne ») la pièce de cinq centimes de pesetas, tandis que celle de dix centimes, qui avait plus de valeur et était plus grande, fut baptisée la *perra gorda* (« la grosse chienne »).

Estar en el quinto pino

EN: To be in the fifth pine
FR: Être au cinquième pin

Estar muy lejos. *Pensaba que habíamos quedado para tomar algo cerca, pero el bar* ***estaba en el quinto pino.*** En el plano más antiguo de la ciudad de Madrid, dibujado por Antonio Mancelli a principios del siglo XVII, se aprecia el actual paseo de Recoletos. Parece ser que la gente tomaba los pinos de la avenida como referencia para sus citas, y el quinto árbol debía quedar muy lejos.

To be very far away. *Pensaba que habíamos quedado para tomar algo cerca, pero el bar* ***estaba en el quinto pino*** (I thought we'd arranged to have a drink somewhere close by, but the bar was **out in the sticks**). In the oldest map of the city of Madrid, drawn by Antonio Mancelli in the early 17th century, you can see the present-day Paseo de Recoletos. It seems as though people used the pine trees that grew along this wide boulevard as a landmark for meeting up, and the fifth tree must have been a long way away.

Être très loin. *Pensaba que habíamos quedado para tomar algo cerca, pero el bar* ***estaba en el quinto pino*** (« Je pensais qu'on allait s'arrêter pour boire quelque chose mais le bar était **au trou du cul du monde** »). Sur le plan le plus ancien de la ville de Madrid, dessiné par Antonio Mancelli au début du XVIIe siècle, on peut voir l'actuel paseo de Recoletos. Il semble que les gens prenaient les pins de l'avenue comme points de repère pour leurs rendez-vous, et le cinquième devait être très éloigné.

Irse al otro barrio

EN: To leave for another neighbourhood
FR: Changer de quartier

Morir. *Casi se atraganta con un hueso de aceituna, por poco **se va al otro barrio.*** Es común recurrir al humor negro o al eufemismo para hablar de la muerte, con el fin de establecer cierto distanciamiento frente a la idea del término de la vida (véase "criar malvas", p. 44). En este caso, se atenúa el concepto de la muerte representándolo como una mudanza a otro distrito, aunque ese ya no sea terrenal.

To die. *Casi se atraganta con un hueso de aceituna, por poco **se va al otro barrio*** (She choked on an olive stone and nearly **kicked the bucket**). Resorting to black humour or euphemism when talking about death is very common, the aim being to distance oneself a little from the idea of the end of life (see *criar malvas,* p. 44). In this case, the concept of death is softened by describing it as moving to another part of town, even if it's not an earthly one.

Mourir. *Casi se atraganta con un hueso de aceituna, por poco **se va al otro barrio*** (« Elle manque s'étouffer avec un noyau d'olive, pour un peu **elle passe l'arme à gauche** »). Il n'est pas rare d'avoir recours à l'humour noir ou à l'euphémisme pour parler de la mort, dans le but d'établir une certaine distanciation face à l'idée de la fin de la vie (voir *criar malvas,* p. 44). Dans le cas présent, le concept de la mort est atténué en étant représenté comme un déménagement dans un autre quartier, quand bien même celui-ci n'est plus terrestre.

OTRO BARRIO

Tener la cabeza llena de pájaros

EN: To have one's head full of birds
FR: Avoir la tête pleine d'oiseaux

Tener ideas absurdas o ilusas, de persona poco madura. *Se piensa que va a poder montarse una empresa de la nada,* ***tiene la cabeza llena de pájaros.*** Las aves, símbolos de libertad y ligereza, en este caso se asocian a lo volátil y la falta de consistencia, cual vuelo errado y juguetón en todas direcciones sin garantías de llegar a buen puerto.

To have absurd or foolish ideas, like those of someone rather immature. *Se piensa que va a poder montarse una empresa de la nada,* ***tiene la cabeza llena de pájaros*** (He thinks he's going to be able to set up a business from scratch – he's **got his head in the clouds**). Birds, symbols of freedom and lightness, are associated in this case with volatility and a lack of consistency, like something flying around recklessly and exuberantly, with no guarantee of a safe landing.

Avoir des idées absurdes ou naïves, de personne peu mature. *Se piensa que va a poder montarse una empresa de la nada,* ***tiene la cabeza llena de pájaros*** (« S'il pense qu'il va pouvoir monter une entreprise à partir de rien, **il a la tête pleine de courants d'air** »). Les oiseaux, symboles de liberté et de légèreté, sont associés dans le cas présent à ce qui est instable et sans consistance, dont le vol sans but et gracieux dans toutes les directions ne garantit pas d'arriver à bon port.

AC/DC

Pillar un ciego

EN: To get a blind one
FR: Choper un aveugle

Emborracharse o drogarse. *En Nochevieja* ***nos pillamos un ciego*** *monumental.* En un sentido más amplio, "ponerse ciego" significa atiborrarse de comida, bebida o drogas, y la asociación de la embriaguez con la ceguera tiene que ver con la pérdida de los sentidos que produce el consumo en exceso de alcohol o estupefacientes.

To get drunk or take drugs. *En Nochevieja* ***nos pillamos un ciego*** *monumental* (We got absolutely **blind drunk** on New Year's Eve). More broadly, *ponerse ciego* (to go blind) in Spanish means to pig out on food, drink or drugs, and the association of intoxication with blindness is due to the sensory-dulling effects of consuming excessive amounts of alcohol or narcotics.

Se saouler ou se droguer. *En Nochevieja* ***nos pillamos un ciego*** *monumental* (« Au Réveillon, **on s'est pris une cuite** monumentale »). Dans un sens plus large, *ponerse ciego* (« se rendre aveugle ») signifie se gaver de nourriture, d'alcool ou de drogue, et l'association de l'ébriété avec la cécité évoque la perte des sens qu'engendre la consommation excessive d'alcool ou de stupéfiants.

ONCE

Marcarse un farol

EN: To put down a lamp
FR: Marquer un reverbère

Mentir, jactarse de algo que no es verdad. *Respondió a la oferta de trabajo y* ***se marcó un farol*** *en el currículum.* En el ámbito de los juegos de naipes, un "farol" es una jugada engañosa para despistar al adversario; así, en la vida cotidiana, cuando alguien "se marca", "se tira" o "se echa" un farol, miente o exagera para tratar de deslumbrar a sus interlocutores.

To lie, to boast about something that is not true. *Respondió a la oferta de trabajo y* ***se marcó un farol*** *en el currículum* (She responded to the job advert and **padded out** her CV). In the world of card games, a *farol* (lamp) is a cunning move bluff intended to throw one's opponent off track; in everyday life, then, when someone *se marca* (executes), *se tira* (puts down) or *se echa* (plays) a lamp, they lie or exaggerate to try to dazzle whoever they are talking to.

Mentir, bluffer se vanter de quelque chose qui n'est pas vrai. *Respondió a la oferta de trabajo y* ***se marcó un farol*** *en el currículum* (« Il a répondu à l'offre d'emploi **en bluffant** sur son CV »). Dans le milieu des jeux de cartes, un *farol* est un coup trompeur destiné à dérouter l'adversaire ; de même, dans la vie quotidienne, lorsque quelqu'un *se marca* (« marque »), *se tira* (« lance ») ou *se echa* (« pose ») un *farol*, il ment ou il exagère pour tenter d'éblouir ses interlocuteurs.

Dar gato por liebre

EN: To serve cat for hare
FR: Donner du chat pour du lièvre

Engañar sobre la calidad de algo. *En la agencia donde reservamos el viaje, ese hotel parecía mucho más lujoso, me temo que* ***nos han dado gato por liebre.*** Antiguamente, era frecuente que se sirviera en mesones y posadas carne de gato haciéndola pasar por liebre o cabrito. Era tan habitual que en el siglo XVII se popularizó un dicho que los comensales pronunciaban antes de servirse: "Si eres cabrito, mantente frito. Si eres gato, salta del plato".

To deceive someone about the quality of something. *En la agencia donde reservamos el viaje, ese hotel parecía mucho más lujoso, me temo que* ***nos han dado gato por liebre*** (The travel agency where we booked the holiday made this hotel look far more luxurious – they've **sold us a pup,** I'm afraid). In days gone by, it was common for taverns and inns to serve cat meat and pretend it was hare or kid. So common was this practice that in the 17th century, a rhyme became popular amongst diners, who would recite it before being served their meal: If you're kid, stay cooked. If you're cat, jump off the plate.

Tromper sur la qualité de quelque chose. *En la agencia donde reservamos el viaje, ese hotel parecía mucho más lujoso, me temo que* ***nos han dado gato por liebre*** (« Dans l'agence où on a réservé le voyage, cet hôtel paraissait beaucoup plus luxueux, je crains qu'on nous ait fait **prendre des vessies pour des lanternes** »). Autrefois, il était fréquent qu'on vous serve, à l'auberge, de la viande de chat en la faisant passer pour du lièvre ou du chevreau. C'était à ce point répandu qu'au XVIIe siècle, un dicton que les clients prononçaient avant de se servir se popularisa : « Si tu es un chevreau, reste cuit. Si tu es un chat, saute de l'assiette ».

Ponerse las botas

EN: To put on one's boots
FR: Porter des bottes

Enriquecerse, sacar pingües beneficios de algo. *Los bancos **se ponen las botas** con las comisiones.* También se usa con el significado de "hartarse de comida". Antiguamente las botas eran un calzado reservado a los caballeros y a las clases pudientes, por lo que pasaron a simbolizar riqueza y abundancia.

To get rich, to reap fat rewards from something. *Los bancos **se ponen las botas** con las comisiones* (The banks really **fill their boots** with commissions). Also used with the sense "to stuff oneself with food". In times gone by, boots were footwear reserved for gentlemen and the moneyed classes, and so they came to symbolise wealth and abundance.

S'enrichir, tirer des bénéfices substantiels de quelque chose. *Los bancos **se ponen las botas** con las comisiones* (« Les banques **s'en mettent plein les poches** grâce aux commissions »). S'emploie également dans le sens de « s'empiffrer ». Autrefois, les bottes étaient des chaussures réservées aux chevaliers et aux classes aisées, c'est pourquoi elles sont devenues un symbole de richesse et d'abondance.

Hacérsele a alguien el culo pepsicola

EN: To have Pepsi-Cola come out of one's arse
FR: Avoir le cul qui fait du Pepsi

Desear algo con mucho anhelo o sentir gozo cuando esto ocurre. *En breve empiezan las fiestas del pueblo, qué ganas,* ***se me hace el culo pepsicola.*** Forma malsonante de "hacerle a alguien los ojos chiribitas", evoca de manera vulgar el cosquilleo de placer que, tal vez, podrían proporcionar las burbujitas de la bebida gaseosa dispensada por el orificio anal.

To long intensely for something or feel pleasure when one attains it. *En breve empiezan las fiestas del pueblo, qué ganas,* ***se me hace el culo pepsicola*** (The village festival is happening soon – **I'm going to cream my knickers**, I'm so excited!). Crude version of *hacerle a alguien los ojos chiribitas* (to make someone's eyes light up), this evokes in an obscene way the pleasurable tingle caused, perhaps, by the little bubbles in the fizzy drink when they come out of one's anal orifice.

Désirer très fort quelque chose ou éprouver de la joie quand ça arrive. *En breve empiezan las fiestas del pueblo, qué ganas,* ***se me hace el culo pepsicola*** (« Bientôt, les fêtes du village vont commencer, j'ai trop hâte, **j'en crève d'envie** »). Forme grossière de *hacerle a alguien los ojos chiribitas* (« avoir les yeux qui sortent de la tête »), évoque de manière vulgaire le frisson de plaisir que, peut-être, pourraient apporter les bulles de la boisson gazeuse dispensée par l'orifice anal.

Subirse por las paredes

EN: To climb up the walls
FR: Escalader les murs

Estar muy enfadado/-a. *Ayer llegamos tarde a casa de mis padres y estaban que* ***se subían por las paredes.*** A veces, el enfado es tal que lleva a la desesperación, casi a la locura. La comparación entre la cólera y la enajenación mental queda aún más clara con otra variante de la expresión, "darse contra la pared".

To be really angry. *Ayer llegamos tarde a casa de mis padres y estaban que* ***se subían por las paredes*** (Yesterday we arrived at my parents' house late and they **hit the roof**). Sometimes, we're so angry that it drives us to despair, almost to madness. The comparison between rage and mental derangement is made even clearer with another version of this expression, *darse contra la pared* (to bang one's head against a wall).

Être très en colère. *Ayer llegamos tarde a casa de mis padres y estaban que* ***se subían por las paredes*** (« Hier, on est arrivés tard chez mes parents, et **ils étaient en train de tout casser** »). Parfois, l'irritation est telle qu'elle pousse au désespoir, presque à la folie. La comparaison entre la colère et l'aliénation mentale devient encore plus claire avec une autre variante de l'expression, *darse contra la pared* (« frapper les murs »).

Cagarse en las muelas de alguien

EN: To shit on someone's back teeth
FR: Chier sur les molaires de quelqu'un

Fórmula vulgar de rabia y de desprecio. *La compañía ha cancelado el vuelo,* ***me cago en sus muelas.*** Muchas blasfemias recurren al eufemismo: de la misma manera que por distorsión fonética "cagarse en diez" se emplea como equivalente de "cagarse en Dios" o "cagarse en la mar" sustituye en realidad a "cagarse en la virgen María", "cagarse en las muelas de alguien" suaviza la ofensa máxima de "cagarse en los muertos" de la persona en cuestión.

A vulgar expression of anger and contempt. *La compañía ha cancelado el vuelo,* ***me cago en sus muelas*** (The airline has cancelled the flight – **I hope they rot in hell!**). Many sacrilegious sayings resort to euphemism: just as the phonetic distortion *cagarse en diez* (to shit on ten) is used as an equivalent to *cagarse en Dios* (to shit on God) or *cagarse en la mar* (to shit in the sea) is a substitute for *cagarse en la virgen María* (to shit on the Virgin Mary), *cagarse en las muelas de alguien* softens the more offensive insult of *cagarse en los muertos* (to shit on the dead of the person in question).

Formule vulgaire exprimant la colère et le mépris. *La compañía ha cancelado el vuelo,* ***me cago en sus muelas*** (« La compagnie a annulé le vol, **je leur chie à la gueule** »). De nombreux jurons ont recours à l'euphémisme : de la même manière que par déformation phonétique *cagarse en diez* (« chier sur dix ») s'emploie comme équivalent de *cagarse en Dios* (« chier sur Dieu ») ou *cagarse en la mar* (« chier dans la mer ») remplace en réalité *cagarse en la virgen María* (« chier sur la Vierge Marie »), *cagarse en las muelas de alguien* adoucit l'offense suprême de *cagarse en los muertos* (« chier sur les morts ») de la personne en question.

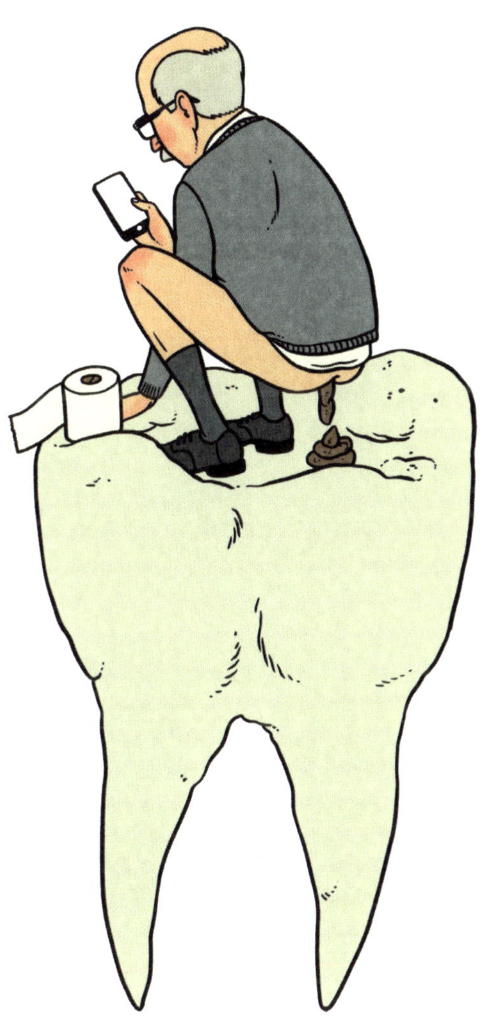

No dejar títere con cabeza

EN: To leave no puppet with a head
FR: Décapiter tous les pantins

No dejar nada intacto, ir contra todo o contra todos. *Los jefes echaron al departamento entero,* ***no dejaron títere con cabeza.*** Su origen parece estar en el episodio de la segunda parte del *Quijote* donde al caballero de la triste figura se le antoja real una representación de marionetas en la que se persigue a una pareja de enamorados; así, desenvaina su espada y la emprende a cuchilladas con los muñecos.

To not leave anything intact, to attack everything or everyone. *Los jefes echaron al departamento entero,* ***no dejaron títere con cabeza*** (The bosses fired everyone in the department, it was a **scorched earth** operation). The origins of this phrase appear to be in an episode in the second part of *Don Quixote,* in which the knight of the sorrowful face sees a puppet show where a pair of lovers is being chased and fancies it is real; he thus unsheathes his sword and starts to slash away at the little marionettes.

Ne rien laisser intact, s'en prendre à tout et à tous. *Los jefes echaron al departamento entero,* ***no dejaron títere con cabeza*** (« Les chefs s'en sont pris à tout le service, **tout le monde en a pris pour son grade** »). Son origine semble se trouver dans l'épisode de la seconde partie de *Don Quichotte* où le chevalier à la triste figure prend pour réelle une représentation de marionnettes dans laquelle un couple d'amoureux est poursuivi ; il dégaine alors son épée et s'en prend aux marionnettes.

Criar malvas

EN: To grow mallows
FR: Faire pousser les fleurs

Estar muerto/-a. *Si no llegamos a revertir el cambio climático, dentro de unas décadas **estaremos criando malvas.*** El tabú de la muerte ha generado multitud de eufemismos: para evitar nombrarla se usan, por ejemplo "descansar", "estirar la pata" o "irse al otro barrio" (véase p. 24). En el caso que nos ocupa, el modismo apunta a que la persona muerta sirve de abono para las florecillas del cementerio.

To be dead. *Si no llegamos a revertir el cambio climático, dentro de unas décadas **estaremos criando malvas*** (If we don't manage to reverse climate change, in a few decades we'll all be **pushing up daisies**). The taboo of death has inspired multiple euphemisms: some of the phrases we use to avoid naming it in Spanish include *descansar* (to rest), *estirar la pata* (to stretch out one's leg) or *irse al otro barrio* (to leave for another neighbourhood – see p. 24). In this case, the idiom states that the dead person acts as fertiliser for the wildflowers so common in graveyards.

Être mort·e. *Si no llegamos a revertir el cambio climático, dentro de unas décadas **estaremos criando malvas*** (« Si nous n'arrivons pas à inverser le changement climatique, dans quelques décennies **nous boufferons les pissenlits par la racine** »). Le tabou de la mort a engendré une foule d'euphémismes : pour éviter de la nommer, on emploie, par exemple, *descansar* (« reposer »), *estirar la pata* (« tendre la patte ») ou *irse al otro barrio* (« changer de quartier », voir p. 24). Dans le cas qui nous occupe, l'expression indique que la personne morte sert d'engrais pour les fleurs du cimetière.

Meterse en un berenjenal

EN: To get into a field of aubergines
FR: Se mettre dans un champ d'aubergines

Meterse en un lío, buscarse complicaciones. *Su hijo mintió a la profesora y* ***se ha metido en un berenjenal,*** *a ver si aprende.* La planta de la berenjena se caracteriza por la presencia de espinas, principalmente en el tallo. Meterse en un campo de berenjenas y, por consiguiente, salir de él, no se hace sin ningún rasguño, de la misma forma que cuesta encontrar solución a un problema peliagudo.

To get into a mess, to make things complicated for oneself. *Su hijo mintió a la profesora y* ***se ha metido en un berenjenal,*** *a ver si aprende* (Her son lied to his teacher and **got himself into a right jam** – maybe that'll teach him). The aubergine plant is characterised by the presence of thorns, mainly on the stem. Entering a field of aubergines and then getting out of it again is not possible without getting a few scratches, just as it is difficult to find a solution to a thorny problem.

Se mettre dans le pétrin, se chercher des complications. *Su hijo mintió a la profesora y* ***se ha metido en un berenjenal,*** *a ver si aprende* (« Son fils a menti à la prof et **s'est mis dans le pétrin,** peut-être que ça lui servira de leçon »). L'aubergine est un légume qui se caractérise par la présence d'épines, notamment sur la tige. Se mettre dans un champ d'aubergines et, par conséquent, en ressortir, ne se fait pas sans égratignures, tout comme il est difficile de trouver une solution à un problème épineux.

Estar colado/-a por alguien

EN: To be strained for someone
FR: Être égoutté·e par quelqu'un

Sentir amor o atracción sexual por alguien. *No para de mirarla, **está coladita por ella.*** Cuando se filtra un líquido por un colador, se desecha lo sólido para quedarse solo con lo acuoso y, de forma parecida, se suele decir de alguien enamorado que "se derrite" o "se deshace", como si al entrar en contacto con la persona amada perdiera sustancia propia y se licuara.

To feel love or sexual attraction for someone. *No para de mirarla, **está coladita por ella*** (She can't stop looking at her, she's really **got the hots for her**). When a liquid is strained through a sieve, the solids are discarded and only the watery substance remains; in a similar fashion, it is commonly said that someone in love *se derrite* (melts) or *se deshace* (falls apart), as if by coming into contact with the object of their affection, they lose all substance and turn to liquid.

Ressentir de l'amour ou de l'attraction sexuelle pour quelqu'un. *No para de mirarla, **está coladita por ella*** (« Elle n'arrête pas de la regarder, **elle craque pour elle** »). Quand on filtre un liquide dans une passoire, on se débarrasse du solide pour ne conserver que le liquide et, de même, on dit souvent d'une personne amoureuse qu'elle *se derrite* (« fond ») ou *se deshace* (« se défait »), comme si en entrant en contact avec la personne aimée, on perdait sa substance propre et se liquéfiait.

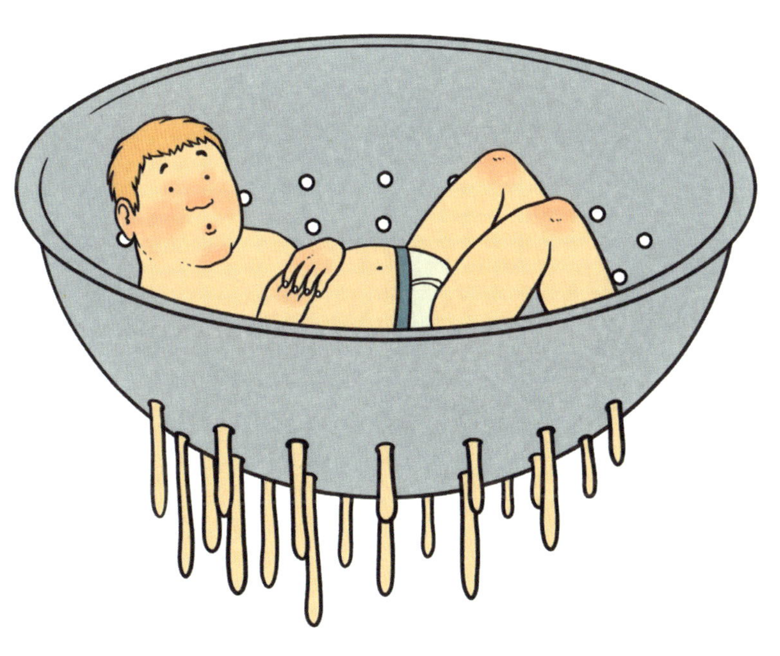

Echar una cana al aire

EN: To toss a grey hair in the air
FR: Jeter un cheveu blanc en l'air

Permitirse una diversión ocasional, salir de la rutina. *La abuela está con ganas de irse de fiesta con sus amigas y **echar una cana al aire.*** Esta expresión se usa en particular para referirse a una persona mayor que hace algo socialmente inapropiado para su edad. Al quitarse de la cabeza un pelo blanco, símbolo de la vejez, y soltarlo al aire, es como si se olvidara por un momento de sus años y rejuveneciera temporalmente.

To permit oneself the occasional bit of fun, to step out of one's routine. *La abuela está con ganas de irse de fiesta con sus amigas y **echar una cana al aire*** (Granny feels like going to the party with her friends and **letting her hair down**). This expression is most often used to refer to an older person who does something socially inappropriate for their age. By plucking a grey hair – symbol of old age – from their head and tossing it in the air, it is as if they forget for a moment how old they are and temporarily become young again.

S'autoriser un petit plaisir à l'occasion, sortir de sa routine. *La abuela está con ganas de irse de fiesta con sus amigas y **echar una cana al aire*** (« Grand-mère meurt d'envie d'aller faire la fête avec ses copines et de **retrouver sa jeunesse** »). Cette expression s'emploie surtout à propos de personnes âgées qui font quelque chose de socialement inapproprié pour leur âge. En s'arrachant de la tête un cheveu blanc, symbole de vieillesse, et en le jetant en l'air, c'est comme si elles oubliaient quelques instants leurs années et rajeunissaient temporairement.

Estar pelado/-a

EN: To be peeled
FR: Être pelé·e

Estar sin recursos económicos. *Me he gastado todos mis ahorros con la compra de la casa,* ***estoy más pelada*** *que el chocho de la Barbie.* Tanto la carencia de pelo como de dinero pueden expresarse con el adjetivo “pelado/-a”, que remite a la máxima desnudez. Sin embargo, la lengua hace hincapié en que la falta de dinero es la que deja a alguien peor parado: “anda tieso/-a”, es decir, casi muerto.

To have no economic resources. *Me he gastado todos mis ahorros con la compra de la casa,* ***estoy más pelada*** *que el chocho de la Barbie* (I spent all my savings buying the house and **I’ve been left on the bones of my arse**). In Spanish, the adjective *pelado/-a* (peeled) is used to express both a lack of hair and of money, referring to the most complete state of being stripped. The Spanish language, though, stresses that a lack of money leaves a person in worse shape: *anda tieso/-a* (s/he is stiff – stony broke), that is, practically dead.

Être sans ressources économiques. *Me he gastado todos mis ahorros con la compra de la casa,* ***estoy más pelada*** *que el chocho de la Barbie* (« J’ai dépensé toutes mes économies pour acheter la maison, **je suis fauchée** comme les blés. »). Le manque de cheveux comme le manque d’argent peuvent l’un et l’autre s’exprimer avec l’adjectif *pelado/-a* (« pelé·e »), qui renvoie au plus grand dénuement. Cependant, la langue met l’accent sur le fait que le manque d’argent est celui qui atteint le plus la personne : *anda tieso/-a* (« raide »), c’est-à-dire, presque mort.

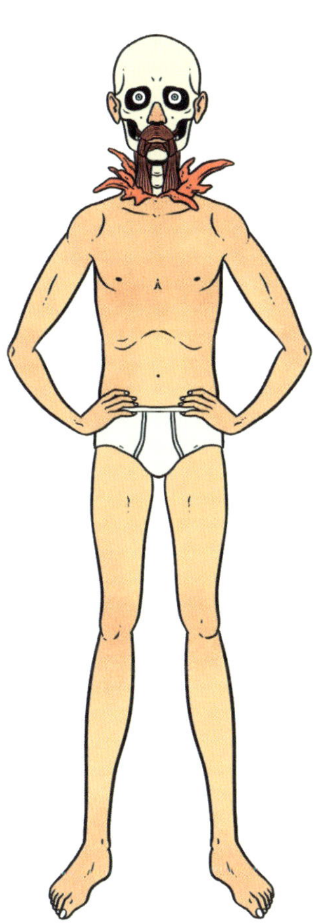

Consultar con la almohada

EN: To consult with one's pillow
FR: Consulter son oreiller

Tomarse un tiempo prudencial para reflexionar antes de tomar alguna decisión. *No sé si firmar este contrato, tengo que **consultarlo con la almohada** antes de dar una respuesta.* Las prisas y la precipitación no suelen ser buenas consejeras, y esta expresión invita a dejar pasar una noche para meditar y tomar decisiones con la mente fresca y clarividente de por la mañana.

To take a prudent amount of time to reflect before making a decision. *No sé si firmar este contrato, tengo que **consultarlo con la almohada** antes de dar una respuesta* (I don't know if I should sign this contract – I need **to sleep on it** before replying). Haste and hurry tend not to give good counsel, and this expression encourages us to let a night pass in order to deliberate and make our decision with the fresh, discerning mind of the morning.

S'accorder un délai raisonnable pour réfléchir avant de prendre une décision. *No sé si firmar este contrato, tengo que **consultarlo con la almohada** antes de dar una respuesta* (« Je ne sais pas si je dois signer ce contrat, je donnerai ma réponse demain, **la nuit porte conseil** »). La hâte et la précipitation ne sont, d'ordinaire, pas bonnes conseillères, et cette expression invite à laisser passer une nuit pour méditer et prendre ses décisions avec l'esprit frais et clairvoyant du matin.

Dar la vuelta a la tortilla

EN: To turn the tortilla over
FR: Retourner l'omelette

Invertir una situación de repente. *La culpa era suya, pero con sus argumentos* ***dio la vuelta a la tortilla*** *y la gente se puso de su lado.* La tortilla de patatas, uno de los platos estrella de la gastronomía española, se prepara cuajando huevos batidos con patatas pochadas. La dificultad de dicha receta reside en el momento en que hay que voltear la mezcla en la sartén. Cuando una persona le da la vuelta a la tortilla en sentido figurado, significa que consigue darle un vuelco repentino a una situación.

To turn a situation around suddenly. *La culpa era suya, pero con sus argumentos* ***dio la vuelta a la tortilla*** *y la gente se puso de su lado* (It was his fault, but he managed **to turn the tables** with his arguments and people sided with him). The tortilla, one of the most famous dishes of Spanish cuisine, is made by sautéing potatoes then cooking them slowly in beaten eggs. The hardest part of the recipe is when you have to turn over the mixture in the frying pan. When a person turns the tortilla over in a figurative sense, it means that they manage suddenly to turn a situation around.

Renverser soudainement une situation. *La culpa era suya, pero con sus argumentos* ***dio la vuelta a la tortilla*** *y la gente se puso de su lado* (« C'était sa faute, mais avec ses arguments, **il a changé la donne** et les gens ont pris son parti »). L'omelette aux pommes de terre, l'un des plats vedette de la gastronomie espagnole, se prépare en mélangeant des œufs battus avec des pommes de terre pochées. La difficulté de cette recette tient dans le moment où il faut retourner la préparation dans la poêle. Quand une personne retourne l'omelette au sens figuré, cela signifie qu'elle parvient à donner un soudain revirement à une situation.

Salir rana

EN: To come out frog
FR: Sortir une grenouille

Salir algo mucho peor de lo que se esperaba. *Nos compramos ese robot de cocina que parecía buenísimo, pero **nos salió rana.*** La locución procede de un dicho antiguo popular entre los pescadores, "Salga pez o salga rana, ¡a la capacha!", es decir, que estos se conformaban con lo que pescaran, fuera algo bueno (pez) o malo (rana). El modismo actual ha conservado la idea de las expectativas defraudadas, simbolizadas por el batracio.

To come out far worse than expected. *Nos compramos ese robot de cocina que parecía buenísimo, pero **nos salió rana*** (We bought that fancy new food processor and it looked great, but it **was a total let-down**). The expression comes from an old saying popular amongst fishermen: *Salga pez o salga rana, ¡a la capacha!* (whether fish or frog, into the basket it goes!) – that is, they would accept whatever they caught, whether it was something good (a fish) or bad (a frog). The current idiom has preserved the idea of disappointed expectations, as symbolised by the amphibian.

Obtenir quelque chose de bien pire que ce qu'on espérait. *Nos compramos ese robot de cocina que parecía buenísimo, pero **nos salió rana*** (« On s'est acheté ce robot de cuisine qui paraissait fantastique, mais **on est très déçus** »). L'expression vient d'un ancien dicton populaire parmi les pêcheurs, *Salga pez o salga rana, ¡a la capacha!* (« Que tu sortes un poisson ou une grenouille, mets tout dans ta besace ! »), cela signifie que ces derniers se contentaient de ce qu'ils pêchaient, que ce soit bon (poisson) ou mauvais (grenouille). L'expression actuelle a conservé l'idée des attentes déçues, que symbolise le batracien.

Hacer la pelota

EN: To make like a ball
FR: Faire la balle

Adular a alguien para obtener algo. *¿Cómo se puede ser tan falsa? No para de **hacerme la pelota** solo para que le presente a quien le interesa.* Curiosamente, una de las acepciones de "pelota", actualmente en completo desuso, es "prostituta", en un hipotético paralelismo con el balón que pasa de mano en mano. El origen de este modismo se explicaría por las lisonjas y halagos que lanzaban las prostitutas a los viandantes para promocionar sus servicios.

To flatter someone in order to obtain something from them. *¿Cómo se puede ser tan falsa? No para de **hacerme la pelota** solo para que le presente a quien le interesa* (How can anyone be so fake? She keeps **sucking up to me** just so I'll introduce her to the person she's interested in). Oddly enough, one of the meanings (completely obsolete nowadays) of the Spanish *pelota* (ball) is "prostitute," presumably drawing a parallel with the plaything that is passed from hand to hand. The origin of this expression can be explained by the praise and flattering comments that prostitutes would call out to passers-by to promote their services.

Flatter quelqu'un pour en obtenir quelque chose. *¿Cómo se puede ser tan falsa? No para de **hacerme la pelota** solo para que le presente a quien le interesa* (« Comment peut-on être si fausse ? Elle n'arrête pas de **me faire la lèche** pour que je lui présente quelqu'un qui l'intéresse »). Curieusement, une des acceptions de *pelota,* désormais tombée en totale désuétude, est prostituée, dans un hypothétique parallélisme avec le ballon qui passe de main en main. L'origine de cette expression s'expliquerait par les cajoleries et compliments que lançaient les prostituées aux passants pour offrir leurs services.

Descubrir el pastel

EN: To discover the cake
FR: Découvrir le gâteau

Descubrir algo, por lo general malo, que se pretendía ocultar. *Trataron de tenderle una trampa, pero ella es muy lista y* ***descubrió el pastel.*** Este pastel no es sinónimo de tarta, sino que proviene del ámbito del juego: el truco consiste en barajar y distribuir los naipes a conveniencia de quien los reparte. Se descubre "el pastel" cuando sale a la luz el engaño.

To discover something, generally bad, that has been intentionally hidden. *Trataron de tenderle una trampa, pero ella es muy lista y* ***descubrió el pastel*** (They tried to catch her out, but she's not daft and **the cat was let out of the bag**). This cake *(pastel)* is not one you eat but comes instead from the world of card games: a trick that lies in shuffling and dealing the cards so as to benefit the dealer. When the deception comes to light, we say that the *pastel* has been discovered.

Découvrir quelque chose, généralement mauvais, qui devait rester caché. *Trataron de tenderle una trampa, pero ella es muy lista y* ***descubrió el pastel*** (« Ils ont tenté de lui tendre un piège, mais elle est très futée et **elle a découvert le pot aux roses** »). Ici, le terme *pastel* n'est pas synonyme de gâteau, mais provient du milieu du jeu : le truc consiste à battre les cartes et les distribuer à l'avantage de celui qui distribue. On découvre *el pastel* (« le fard ») quand la tromperie est mise à jour.

Abrir un melón

EN: To open a melon
FR: Ouvrir un melon

Explorar un tema a pesar de cierta reticencia. *No me apetece empezar con la reforma de la cocina, pero ya es hora de* ***abrir este melón.*** El melón es una fruta apreciada por su interior carnoso y dulce. Sin embargo, es difícil saber si va a tener estas características antes de cortarlo. Así, "abrir un melón" tiene un componente de incertidumbre, como cuando se decide empezar a tratar un tema que anticipamos arduo.

To explore a subject despite a certain amount of resistance. *No me apetece empezar con la reforma de la cocina, pero ya es hora de* ***abrir este melón*** (I don't feel like starting on the kitchen renovations, but it's time **to bite the bullet**). The melon is a fruit with much-prized sweet, fleshy insides. However, it is difficult to know before one cuts it open whether it will have these characteristics. There is a certain amount of uncertainty to opening a melon, just as when we decide to embark upon something we anticipate will be hard going.

S'atteler à un sujet malgré ses réticences. *No me apetece empezar con la reforma de la cocina, pero ya es hora de* ***abrir este melón*** (« Je n'ai aucune envie de me mettre à la rénovation de la cuisine, mais il est temps d'**attaquer le problème** »). Le melon est un fruit apprécié pour sa pulpe charnue et douce. Cependant, il est difficile de savoir s'il va avoir ces caractéristiques avant de l'avoir coupé. Donc, « ouvrir un melon » contient une composante d'incertitude, comme lorsque l'on décide de s'attaquer à un sujet dont on sait qu'il sera éprouvant.

Salvarle a alguien la campana

EN: To be saved by the bell
FR: Être sauvé par la cloche

Librarse de un problema en el último momento. *No me sentía nada preparada para el examen, pero al final lo han retrasado un par de semanas:* ***¡salvada por la campana!*** La campana de esta expresión procede del mundo del boxeo: en 1867 se adoptaron las reglas de Queensberry, un código de normas para hacer los combates más seguros, una de las cuales consistía en avisar con la campana a los contrincantes de que debían detener los golpes.

To escape a problem at the last minute. *No me sentía nada preparada para el examen, pero al final lo han retrasado un par de semanas:* ***¡salvada por la campana!*** (I didn't feel at all prepared for the exam, but in the end they postponed it for a few weeks – **saved by the bell!**). The bell in this expression comes from the world of boxing: in 1867, the Queensberry Rules, a code designed to keep fighters safer, were adopted; one of the rules consisted of ringing a bell to let them know they had to stop throwing punches.

Être délivré d'un problème au dernier moment. *No me sentía nada preparada para el examen, pero al final lo han retrasado un par de semanas:* ***¡salvada por la campana!*** (« Je ne me sentais absolument pas prête pour l'examen, mais en fin de compte, ils l'ont repoussé de deux semaines : **sauvée par le gong !** »). La cloche de cette expression vient du monde de la boxe : en 1867 furent adoptées les règles de Queensberry, un code de normes pour rendre les combats plus sûrs, l'une de ces règles consistait à prévenir en faisant sonner une cloche les adversaires qu'ils devaient cesser de frapper.

Estirar el chicle

EN: To stretch the chewing gum
FR: Étirer le chewing-gum

Prolongar algo sin necesidad. *No quería volver a casa y estuvimos charlando más rato,* ***estirando el chicle.*** La famosa goma de mascar, una vez en la boca, suele dar juego para hacer globos o estirarse entre los dientes y los dedos, por desidia o por mero entretenimiento. De la misma manera que un chicle tiene esa capacidad, una conversación o una situación pueden alargarse más de lo necesario.

To prolong something unnecessarily. *No quería volver a casa y estuvimos charlando más rato,* ***estirando el chicle*** (I didn't want to go home and we chatted for a bit longer, **drawing the conversation out**). Once it's in your mouth, this famous gum can be used to blow bubbles or to stretch between your teeth and fingers, out of boredom or simply for idle entertainment. And just as a piece of gum can, so a conversation or situation can be drawn out for longer than is necessary.

Prolonger quelque chose sans nécessité. *No quería volver a casa y estuvimos charlando más rato,* ***estirando el chicle*** (« Je ne voulais pas rentrer chez moi et on est restés à bavarder plus longtemps, **en faisant durer** »). La fameuse gomme à mâcher, une fois dans la bouche, permet souvent de s'amuser à faire des bulles ou à l'étirer entre les dents et les doigts, par nonchalance ou par simple distraction. De la même manière qu'un chewing-gum a cette capacité, une conversation ou une situation peuvent se prolonger plus que nécessaire.

Dar la vuelta al jamón

EN: To turn the ham
FR: Retourner le jambon

Se aplica a quien ya ha pasado el ecuador de su vida. *Este señor no es tan joven como creéis, hace ya tiempo que* ***le ha dado la vuelta al jamón.*** Se considera el jamón ibérico una de las joyas gastronómicas de España. Para degustarlo, se atornilla la pierna trasera del cerdo a un jamonero y se va loncheando hasta darle la vuelta para empezar a cortar por el otro lado. En una metáfora profundamente castiza, se equiparan el consumo de jamón y el paso de la vida.

This is used for someone who has passed the midway point of their life. *Este señor no es tan joven como creéis, hace ya tiempo que* ***le ha dado la vuelta al jamón*** (This man isn't as young as you think, he's been **in the autumn of his life** for quite a while now). *Jamón ibérico* is considered one of Spain's gastronomic treasures. In order to enjoy this delicious cured ham, the back leg of the pig is screwed onto a special stand and gradually sliced until has to be turned in order to start cutting from the other side. In this deeply traditional Spanish metaphor, the consumption of ham is equated to the passage of life.

Se dit des personnes qui ont déjà vécu la moitié de leur vie. *Este señor no es tan joven como creéis, hace ya tiempo que* ***le ha dado la vuelta al jamón*** (« Ce monsieur n'est pas aussi jeune que tu le crois, ça fait déjà un moment **qu'il est sur la pente descendante** »). Le jambon ibérique est considéré comme l'un des joyaux gastronomiques de l'Espagne. Pour le déguster, on visse la patte arrière du cochon au support à jambon et on la tranche puis on la retourne pour commencer à trancher de l'autre côté. Dans une métaphore profondément espagnole, la consommation du jambon et le passage de la vie sont assimilés.

Poner a alguien mirando para Cuenca

EN: To position someone looking towards Cuenca
FR: Mettre quelqu'un en position pour voir Cuenca

Penetrar sexualmente a alguien a cuatro patas. *Está obsesionado con ella y fantasea con* ***ponerla mirando para Cuenca.*** Aunque las fuentes sean dudosas, parece ser que el modismo original era "poner a alguien mirando para la Meca", en referencia a la posición que adoptan los musulmanes cuando rezan, sentados sobre sus rodillas y agachados, mirando hacia el este. Para referirse al coito en la "postura del perrito" de manera más castiza, la Meca se habría convertido en Cuenca.

To sexually penetrate someone on all fours. *Está obsesionado con ella y fantasea con* ***ponerla mirando para Cuenca*** (He's obsessed with her and fantasises about **doing it doggy style** with her). Although sources are dubious, it seems as if the original phrase was *poner a alguien mirando para la Meca* (to position someone looking towards Mecca), in reference to the position adopted by Muslims when they pray, bent low over their knees, facing the East. In order to refer to "doggy style" intercourse in a more Spanish fashion, Mecca must have been changed to Cuenca.

Pénétrer sexuellement quelqu'un à quatre pattes. *Está obsesionado con ella y fantasea con* ***ponerla mirando para Cuenca*** (« Elle l'obsède et il rêve de la **prendre par derrière** »). Bien que les sources soient douteuses, il semblerait que l'expression originale était *poner a alguien mirando para la Meca* (« mettre quelqu'un en position pour voir la Mecque »), en référence à la position qu'adoptent les musulmans quand ils prient, assis sur leurs genoux et accroupis, en regardant vers l'est. Pour se référer au coït en levrette de manière plus typique, la Mecque aurait été remplacée par Cuenca.

N-420
CUENCA

Echar una peluca

EN: To throw a wig
FR: Jeter une perruque

Echar la bronca. *Llegué tarde al embarque y finalmente me dejaron pasar, pero* ***vaya peluca me echaron*** *las azafatas.* La peluca de esta expresión nada tiene que ver con una cabellera postiza, sino que hace referencia a su otra acepción (en desuso): "amonestación severa". Antiguamente, cuando un novicio era expulsado del convento parece que, además de ganarse una buena reprimenda, se le entregaba una peluca para que pudiera esconder la tonsura en la vida seglar.

To make a fuss. *Llegué tarde al embarque y finalmente me dejaron pasar, pero* ***vaya peluca me echaron*** *las azafatas* (I got to the gate late and in the end, they let me through, but the flight attendants really **gave me an earful**). The wig *(peluca)* in this expression has nothing to do with an artificial hairpiece but refers instead to the other meaning (now obsolete): a stern rebuke. In the past, when a novice monk was expelled from a monastery, it seems that, as well as being given a good scolding, he would be given a wig in order to cover up his tonsure in secular life.

Se faire engueuler. *Llegué tarde al embarque y finalmente me dejaron pasar, pero* ***vaya peluca me echaron*** *las azafatas* (« Je me suis présenté en retard à l'embarquement et on a monté par me laisser monter à bord, mais les hôtesses m'**ont passé un savon** »). La perruque de cette expression n'a rien à voir avec une chevelure postiche, mais fait référence à son autre acception (désuète) : une admonestation sévère. Autrefois, quand un novice était expulsé du monastère, il paraît que, en plus de se prendre un belle réprimande, on lui remettait une perruque pour qu'il puisse cacher sa tonsure dans la vie séculière.

Dársela a alguien con queso

EN: To give it to someone with cheese
FR: Refiler du fromage à quelqu'un

Burlar a alguien mediante alguna trampa. *Este mercado tiene muy buenos productos, pero, ojo, que a veces suben los precios y te la intentan* ***dar con queso.*** Esta locución viene de la más antigua "armarla con queso", documentada a principios del siglo XVII y que alude a las ratoneras en las que se ponía un trocito de queso a modo de cebo para engañar y atrapar a los ratones.

To outsmart someone by way of a trick. *Este mercado tiene muy buenos productos, pero, ojo, que a veces suben los precios y te la intentan* ***dar con queso*** (This market has really good products, but watch out: sometimes they put the prices up and try **to pull the wool over your eyes**). This expression comes from the much older *armarla con queso* (to load it with cheese), documented from the early 17th century and alluding to mousetraps baited with cheese to trick and trap the mice.

Berner quelqu'un par une ruse quelconque. *Este mercado tiene muy buenos productos, pero, ojo, que a veces suben los precios y te la intentan* ***dar con queso*** (« Ce marché a de très bons produits, mais attention, parfois ils montent les prix et te **prennent pour un pigeon** »). Cette expression vient de la plus ancienne *armarla con queso* (« armer de fromage »), rapportée au début du XVIIe siècle et qui fait allusion aux souricières dans lesquelles on déposait un petit bout de fromage en guise d'appât pour leurrer les souris et les attraper.

VINO
PELEON

Estar hecho/-a un cromo

EN: To be a trading card
FR: Être un chromo

Ir una persona mal conjuntada, o estar extremadamente deteriorada, física o mentalmente. *Últimamente está muy deprimido y no se cuida nada:* ***está hecho un cromo.*** Los cromos, esas pequeñas tarjetas ilustradas que se suelen coleccionar en la infancia, se caracterizan por su variada paleta de colores chillones. La locución remite, por una parte, a la falta de gusto que delata esa paleta y, por otra, quizá, a las magulladuras de una persona herida física o psicológicamente.

To be wearing badly coordinated clothes, or be in an extremely deteriorated state, either physically or mentally. *Últimamente está muy deprimido y no se cuida nada:* ***está hecho un cromo*** (He's been really depressed lately and isn't taking care of himself: he's really **let himself go**). Trading cards, those little cards with pictures that children collect, are characterised by their varied palette of clashing colours. The saying refers on the one hand to the absence of taste such a palette betrays, and on the other, perhaps, to the bruises on a person who has been damaged physically or psychologically.

Se dit d'une personne mal attifée, dans un état de détérioration extrême, physiquement ou mentalement. *Últimamente está muy deprimido y no se cuida nada:* ***está hecho un cromo*** (« Ces derniers temps, il est très déprimé et il ne prend pas soin de lui : on dirait **l'as de pique** »). Les chromos, ces petites cartes illustrées que l'on collectionne dans l'enfance, se caractérisent par leur palette variée de couleurs voyantes. L'expression se rapporte, d'une part, au manque de goût que démontre cette palette et, d'autre part, peut-être, aux ecchymoses d'une personne blessée physiquement ou psychologiquement.

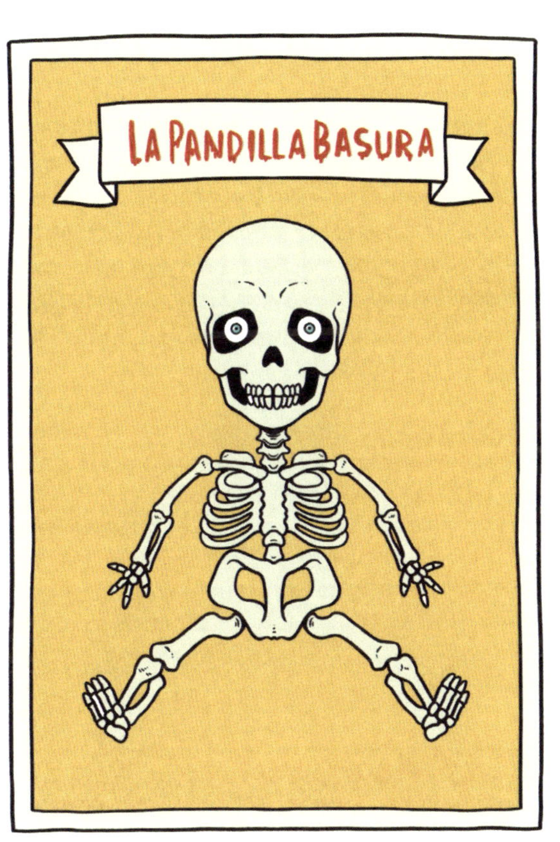
LA PANDILLA BASURA

El perro del hortelano

EN: The gardener's dog
FR: Le chien du jardinier

Persona que no hace algo, pero impide que lo hagan otras. *No se va a leer la novela, pero no me la quiere prestar, es como* ***el perro del hortelano.*** Esta locución procede de un refrán cuyo enunciado completo reza: ser como el perro del hortelano, que ni come ni deja comer. En efecto, el can que cuida del huerto no presenta riesgo de comerse las verduras, sin embargo, no dejará que nadie se las coma. La expresión se popularizó gracias a la obra de teatro homónima de Lope de Vega.

A person who doesn't do a particular thing, yet prevents others from doing it, too. *No se va a leer la novela, pero no me la quiere prestar, es como* ***el perro del hortelano*** (He's not going to read the novel, but he won't lend it to me – he's like **a dog in the manger**). This saying comes from an idiom: "to be like the gardener's dog, which does not eat nor let others do so" – this essentially means that the hound guarding the vegetable plot presents no risk of eating the vegetables, and yet will not let anyone else eat them. The expression became popular thanks to the play of the same name by Lope de Vega.

Personne qui ne fait pas quelque chose, mais empêche les autres de le faire. *No se va a leer la novela, pero no me la quiere prestar, es como* ***el perro del hortelano*** (« Il ne compte pas lire ce roman, mais il refuse de me le prêter : il est **comme le chien du jardinier** »). L'expression vient d'un adage qui dit, lorsqu'on l'énonce entièrement : « être comme le chien du jardinier, qui ne mange pas et ne laisse pas manger ». En effet, le chien qui garde le potager ne présente aucun risque de manger les légumes, cependant, il ne laissera personne les manger. L'expression fut popularisée grâce à l'œuvre théâtrale homonyme de Lope de Vega.

Cruzársele a alguien los cables

EN: To get one's wires crossed
FR: S'emmêler les câbles

Perder momentáneamente la cordura, el control sobre sí mismo/-a. *Cuando le dije que no quería seguir con él,* ***se le cruzaron los cables.*** Este giro surge de la identificación de la mente humana con un aparato eléctrico: si los cables se cruzan y se produce un cortocircuito, la máquina deja de funcionar y existe incluso riesgo de incendio.

To momentarily lose one's sanity or self-control. *Cuando le dije que no quería seguir con él,* ***se le cruzaron los cables*** (When I told him I wanted to break up with him, he **went ballistic**). This saying comes from relating the human mind to an electrical appliance: if the wires get crossed and it short-circuits, the machine stops working and might even catch on fire.

Perdre momentanément la raison, le contrôle sur soi-même. *Cuando le dije que no quería seguir con él,* ***se le cruzaron los cables*** (« Quand je lui ai dit que je voulais rompre avec lui, **il a pété les plombs** »). Cette tournure provient de l'identification du cerveau humain avec un appareil électrique : si les câbles se touchent et qu'un court-circuit se produit, la machine cesse de fonctionner et il existe même un risque d'incendie.

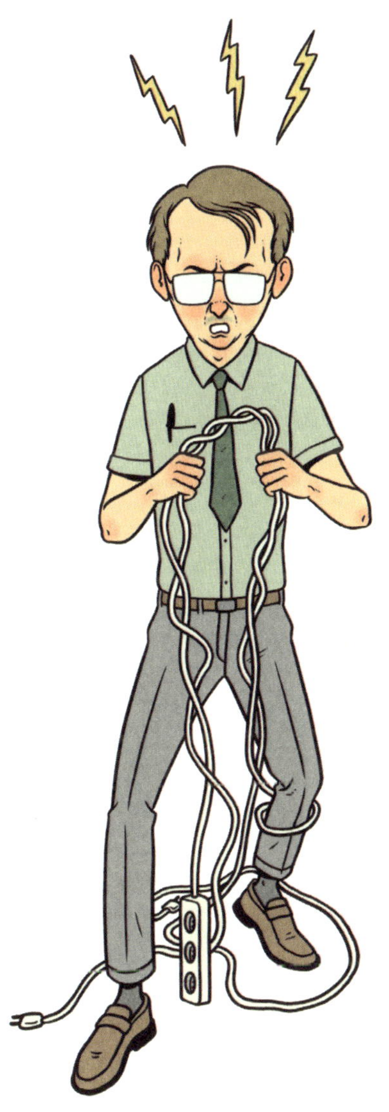

Dar el tostón

EN: To give the crouton
FR: Servir une bonne grosse tartine

Incordiar, aburrir, ser pesado/-a. *El niño **nos dio tal tostón** que acabamos por ceder y llevárnoslo a la feria.* El "tostón", o rebanada de pan tostado y grueso que se sirve con algunas comidas, suele ser seco y difícil de deglutir, de la misma forma que un discurso pesado y árido se nos puede atragantar. Asimismo, nos pueden mortificar cuando nos dan la "brasa", la "lata" o la "tabarra".

To pester, bore, or be annoying. *El niño **nos dio tal tostón** que acabamos por ceder y llevárnoslo a la feria* (The kid **made such a stink** that in the end we gave up and took him to the funfair). The *tostón,* or thick piece of toasted bread served with some dishes, tends to be dry and hard to swallow, just as a dull, dry speech can be hard to stomach. In the same way, we might feel tormented when someone gives us a *brasa,* a *lata* or a *tabarra* (when someone hassles us).

Ennuyer, lasser, être casse-pied. *El niño **nos dio tal tostón** que acabamos por ceder y llevárnoslo a la feria* (« Le petit **nous a tellement gavés** qu'on a fini par céder et l'emmener à la féria »). Le *tostón,* ou tranche de pain grillé et épais, se sert avec certains plats, et il est souvent sec et difficile à avaler : de la même manière, un discours pénible et aride peut nous étouffer. De même, nous pouvons être agacés quand on nous donne la *brasa,* la *lata* ou la *tabarra* (qu'on nous barbe).

A palo seco

EN: On a dry stick
FR: À bâton sec

Sin nada, sin accesorios ni acompañamientos. En el campo semántico alimentario, sin que nada más complemente la comida o la bebida. *Se ha tomado las cervezas* ***a palo seco,*** *no ha comido ni una tapita, mañana tendrá resaca.* Esta locución procede en realidad del ámbito marinero: cuando en caso de tormenta, por ejemplo, una embarcación navega con las velas recogidas, el mástil (el palo) se queda desnudo.

Without accessories or accompaniments. In the semantic field of food, without anything else complementing the meal or drink. *Se ha tomado las cervezas* ***a palo seco,*** *no ha comido ni una tapita, mañana tendrá resaca* (He drank those beers **on an empty stomach,** he didn't even have any crisps – he'll have a hangover tomorrow). This saying actually comes from the realm of shipping: when, in the case of a storm, for instance, a vessel furls its sails, the mast (the "stick" in this saying) is left dry, or bare.

Sans rien, sans accessoires ni accompagnements. Dans le champ sémantique alimentaire, sans que rien de plus n'accompagne la nourriture ou la boisson. *Se ha tomado las cervezas* ***a palo seco,*** *no ha comido ni una tapita, mañana tendrá resaca* (« Elle a bu ses bières **cul sec,** sans même manger de tapas, demain elle aura la gueule de bois »). Cette expression vient en réalité du milieu marin : quand, en cas de tempête par exemple, une embarcation navigue avec les voiles repliées, le mât (le bâton) reste nu.

Meter la gamba

EN: To put the shrimp in
FR: Mettre la crevette

Equivocarse torpemente, decir algo inoportuno. ***He metido la gamba*** *al decirle que Juan celebró ayer su cumpleaños, porque no estaba invitada.* Variante coloquial de "meter la pata" –"gamba" significa "pierna" en italiano–, alude al hecho de hundir la pata un animal en el lodo. Cuando alguien dice algo inoportuno, puede quedar atrapado en una situación más incómoda que escapar de un barrizal.

To make a clumsy mistake, or to say something ill-judged. ***He metido la gamba*** *al decirle que Juan celebró ayer su cumpleaños, porque no estaba invitada* (I **put my foot in it** when I told her Juan had his birthday party yesterday, because she wasn't invited). A colloquial version of *meter la pata* (to put one's foot in it) – *gamba* is Italian for "leg", and this phrase alludes to an animal sinking its foot into the mud. When someone says something ill-judged, they may well end up trapped in a situation even more uncomfortable than getting out of a quagmire.

Faire une gaffe, dire quelque chose qu'il ne fallait pas. ***He metido la gamba*** *al decirle que Juan celebró ayer su cumpleaños, porque no estaba invitada* (« **J'ai mis les pieds dans le plat** en lui disant que Juan avait fêté hier son anniversaire, parce qu'elle n'était pas invitée »). Variante familière de *meter la pata* (« mettre la patte ») – *gamba* signifie « jambe » en italien – allusion à un animal qui plonge sa patte dans la boue. Quand quelqu'un dit quelque chose qu'il ne fallait pas, il peut rester piégé dans une situation encore plus incommode que chercher à s'échapper d'un bourbier.

MAYONESA
CASERA

Quedar(se) en agua de borrajas

EN: To end up in borage water
FR: Tourner en eau de bourrache

No tener finalmente ninguna importancia o resultar un fracaso. *Se supone que íbamos a irnos de viaje para Semana Santa, pero todo* ***quedó en agua de borrajas.*** Aunque la borraja, planta de tallo grueso y flores azules, es muy nutritiva, al caldo resultante de su cocción se lo considera chirle, nada sabroso. Otras plantas protagonizan de manera similar modismos por su insulsez, como el bledo o el rábano ("importarle a alguien un bledo/ rábano").

To not end up being important, or to turn out a failure. *Se supone que íbamos a irnos de viaje para Semana Santa, pero todo* ***quedó en agua de borrajas*** (We were meant to be going away for Easter, but it **all went up in smoke**). Although borage, a plant with a thick stem and blue flowers, is highly nutritious, the broth made by boiling it is considered bland and not at all tasty. Other plants feature in popular sayings due to their insipid taste, such as the amaranth, or the radish: *importarle a alguien un bledo/ rábano* ("to not give a hoot about [something]").

N'avoir finalement pas tant d'importance ou se conclure sur un échec. *Se supone que íbamos a irnos de viaje para Semana Santa, pero todo* ***quedó en agua de borrajas*** (« On devait partir en voyage pour Pâques, mais **ça a tourné en eau de boudin** »). Quoique la bourrache, plante à la tige épaisse et aux fleurs bleues, soit très nourrissante, le bouillon résultant de sa cuisson, sans substance, n'a aucune saveur. D'autres plantes s'emploient de manière similaires dans des dictons à cause de leur manque de saveur, telle la blette ou le radis : *importarle a alguien un bledo/rábano* (« compter pour quelqu'un autant que des blettes ou des radis »).

Estar sembrado/-a

EN: To be sown
FR: Être semé·e

Estar ocurrente, mostrar inteligencia y lucidez. Se suele emplear de modo irónico. ***¡Has estado sembrado!*** *Mira que hacer ese tipo de preguntas personales a alguien que apenas conoces...* Esta locución de índole agrícola da a entender que, de la misma manera que de una tierra sembrada de semillas germinan plantas, de las mentes nutridas de ideas brotan destellos de ingenio.

To be funny, to demonstrate that one is intelligent and on the ball. Usually used ironically. ***¡Has estado sembrado!*** *Mira que hacer ese tipo de preguntas personales a alguien que apenas conoces...* (Wow, **what a genius!** Fancy asking someone you hardly know all those personal questions...) This expression of an agricultural nature implies that, just as plants germinate from a plot of land sown with seeds, so flashes of genius [can] sprout forth from minds well-nourished with ideas.

Être spirituel, faire preuve d'intelligence et de clarté. S'emploie souvent de façon ironique. ***¡Has estado sembrado!*** *Mira que hacer ese tipo de preguntas personales a alguien que apenas conoces...* (« Toi, **t'en as là-dedans !** Aller poser ce genre de questions personnelles à quelqu'un que tu connais à peine... »). Cette expression de nature agricole donne à entendre que, de même que dans une terre semée de graines germent des plantes, dans des esprits nourris d'idées jaillissent des éclairs de génie.

Servir coño

EN: To serve pussy
FR: Servir de la chatte

Empoderarse, deslumbrar, salirse de lo común. *La cantante invadió el escenario con su presencia,* ***sirviendo coño.*** Este contundente modismo es un calco literal del inglés *serving pussy,* en referencia a una actitud poderosa, cuya raíz se encuentra en la cultura LGTBIQ+ y en particular en la escena *drag.* La expresión fue popularizada por el concurso televisivo estadounidense *RuPaul's Drag Race.*

To become empowered, to dazzle, to stand out. *La cantante invadió el escenario con su presencia,* ***sirviendo coño*** (The singer burst onto the stage with her presence, **serving pussy**). This punchy idiom is a literal calque from the English "serving pussy," referring to a powerful stance, and whose roots can be found in the LGBTIQ+ community, in particular the drag scene. The expression was popularised by the American reality competition series *RuPaul's Drag Race.*

Prendre de la puissance, briller, sortir du commun. *La cantante invadió el escenario con su presencia,* ***sirviendo coño*** (« La chanteuse a envahi la scène de sa présence, **elle a tout déchiré** »). Cette expression forte est un calque littéral de l'anglais *serving pussy,* qui fait référence à une attitude puissante, dont la racine se trouve dans la culture LGTBIQ+ et en particulier sur la scène *drag.* L'expression a été popularisée grâce au concours télévisé venu des USA *RuPaul's Drag Race.*

Índice alfabético

Bibliografía

Buitrago, Alberto.
Diccionario de dichos y frases hechas

Celdrán Gomariz, Pancracio.
Dichos, comparaciones y frases populares

Celdrán Gomariz, Pancracio.
Inventario general de insultos

Doval, Gregorio.
Del hecho al dicho

Iribarren, José María.
El porqué de los dichos

López, Alfred.
El listo que todo lo sabe

Luján, Néstor.
Cuento de cuentos. Origen y aventura de ciertas palabras y frases proverbiales

Moliner, María.
Diccionario de uso del español

Seco, Manuel, *et al.*
Diccionario fraseológico documentado del español actual. Locuciones y modismos españoles

A Paqui, Ana María y toda la gente que me hizo descubrir hace un par de décadas las maravillas más estrámboticas del castellano.

Héloïse

David Sánchez (Madrid, 1977). Su primera novela gráfica, *Tú me has matado* (Astiberri, 2010), le valió el premio al autor revelación en el Salón Internacional del Cómic de Barcelona y su siguiente trabajo, *No cambies nunca* (Astiberri, 2012), fue nominado a la mejor obra de autor español en el mismo salón. Asimismo, es el creador de *Videojuegos* (Astiberri, 2012), de *La muerte en los ojos* (¡Caramba!, 2012), e ilustró los tres glosarios de fraseología española *Con dos huevos* (Astiberri, 2014), *Cagando leches* (Astiberri, 2015) y *No tengo el chichi para farolillos* (Astiberri, 2024), con textos de Héloïse Guerrier. En 2017 publicó, con guion de Santiago García, *Museomaquia* (Astiberri/Museo Thyssen-Bornemisza) y en 2021 *Los años de internet*, junto con el fundador de WeTransfer, Damian Bradfield (Astiberri). Sus últimas novelas gráficas en solitario son *Un millón de años* (Astiberri, 2017), *En otro lugar, un poco más tarde* (Astiberri, 2019) y *Fuego de bengala* (Astiberri, 2023).

Héloïse Guerrier (Châtenay-Malabry, Francia, 1981). Estudió filología hispánica en la Universidad de la Sorbona de París, en la que le enseñaron el castellano como Dios manda. Posteriormente se estableció en Madrid, donde fue descubriendo el verdadero idioma de Cervantes, y donde nació su gusto por esas expresiones tan castizas. Ha trabajado en el sector editorial del cómic en Francia y en España. Es la autora de *Con dos huevos* (Astiberri, 2014), *Cagando leches* (Astiberri, 2015) y *No tengo el chichi para farolillos* (Astiberri, 2024), con ilustraciones de David Sánchez.

De la misma serie

Con dos huevos
7.ª edición
104 págs., 16 euros
ISBN: 978-84-15685-55-5

Cagando leches
4.ª edición
104 págs., 16 euros
ISBN: 978-84-15685-96-8